EXTRAIT
De l'Enquête Parlementaire devant l'Assemblée Nationale

SUR LES ACTES DU GOUVERNEMENT
DE LA DÉFENSE NATIONALE

Déposition des témoins, t. II, p. 492

DÉPOSITION
DE
M. AMÉDÉE AUTRAN
VICE-PRÉSIDENT
au Tribunal de première instance de Marseille

DEVANT LA COMMISSION D'ENQUÊTE

(Séance du 9 septembre 1871)

MARSEILLE
TYPOGRAPHIE DE MARIUS OLIVE
RUE SAINTE, 39.

1874.

DÉPOSITION

DE M. AMÉDÉE AUTRAN

VICE-PRESIDENT

au Tribunal de première instance de Marseille

DEVANT LA COMMISSION D'ENQUÊTE DE L'ASSEMBLÉE NATIONALE

(Séance du 9 Septembre 1871) (1)

M. le comte Daru, président — Nous avons tenu à entendre votre déposition, Monsieur. Vous présidiez le Tribunal de Marseille, le jour où un attentat abominable a été commis par les gardes civiques. On a arrêté des magistrats siégeant à l'audience; on les a conduits à la Préfecture, où le représentant du gouvernement, au lieu de sévir contre les misérables qui avaient commis un pareil crime, n'a eu de reproches que pour les magistrats arrêtés.

Ce fait a besoin d'être constaté régulièrement. Des dépositions ont déjà été entendues ; j'ai voulu, puisque vous étiez président ce jour-là, que votre déposition figurât parmi celles que nous avons reçues. Veuillez nous dire comment les faits se sont passés, non-seulement au moment de votre arrestation, mais plus tard à la préfecture quand vous vous y êtes rendu.

Vous avez, je le vois, préparé une note ; aimez-vous mieux nous la lire ?

---

(1) Cette Commission était ce jour-là composée de MM. le comte Daru, président ; de Raineville, secrétaire ; de Sugny, rapporteur ; de Rodez-Bénavent et Callet.

M. Autran. — Cette note répond à votre question ; mais j'aurais désiré la faire précéder de quelques explications.

M. le président. — Nous vous écoutons.

M. Autran. — Messieurs, le 5 septembre 1870, a été pour Marseille un jour marqué par des actes de violence affligeants. Il surgit, ce jour-là, une troupe de 3 ou 400 hommes au moins, armés de toutes pièces, se disant gardes civiques et entendant faire de leurs caprices la loi de la ville. Des menaces furent proférées par eux contre les magistrats. M° Thourel, qui est aujourd'hui procureur général, et qui faisait partie alors du Conseil municipal, dut intervenir auprès des meneurs, et c'est lui qui, ce jour-là, nous préserva.

M. Esquiros arriva à Marseille le mercredi 7, si je ne me trompe. Le tribunal crut devoir se présenter en corps chez lui. M. Esquiros l'accueillit convenablement. Il nous demanda notre concours. M. Luce, président du tribunal, lui répondit que nous étions tout entiers à nos devoirs, que nous continuerions à rendre la justice et à apporter de la sorte notre concours au maintien de l'ordre. Je dois dire que la population était tellement bien disposée, que bien que nous fussions en simples habits de ville, une foule considérable stationnant aux abords de la préfecture, se découvrit devant notre passage.

Dans ce moment je présidais la chambre des vacations. Par conséquent j'avais à ma charge tous les services, les référés, la police correctionnelle, etc. Nous continuâmes nos fonctions dans l'ordre le plus parfait et avec la plus complète régularité. Cela ne pouvait pas satisfaire certains individus qui convoitaient nos places ; je parle de ces personnes toujours mues par une ambition mal justifiée, qui poussent les masses, les lancent contre ceux qui occupent des positions élevées, et ensuite se donnent l'air d'être les modérateurs du mouvement qu'ils ont provoqué. Nous arrivâmes ainsi vers le 17 ou le 18 du mois de septembre. A ce moment les affaires prirent une tournure plus sérieuse et plus grave. Il était venu des individus de Lyon ; le mot de l'Internationale était lancé ; des affiches étaient placardées, indiquant qu'il fallait que le Midi se réunît en ligue. Dès ce moment commencèrent les arrestations illégales et les visites domiciliaires.

Voici les faits qui se rapportent plus directement à nous.

Je vous demande la permission de vous donner lecture de la note que j'ai préparée et qui constate ces faits qui se sont passés en plein jour :

« L'événement du 23 septembre 1870 a fait l'objet d'un procès-verbal que le Tribunal a rédigé sur l'heure même. Mais inspirés par un sentiment de dignité, les Magistrats n'y ont exprimé que la substance des faits en évitant même tout terme trop accentué. Le temps pressait d'ailleurs ; ils étaient menacés d'être arrêtés dans la soirée, et ils voulurent que les faits fussent au moins auparavant constatés. Aussi, signèrent-ils ce procès-verbal immédiatement sur la minute qu'ils déposèrent dans les mains du greffier et qui fut inscrite, dès le lendemain, à une heure matinale, sur le régistre des délibérations.

Pour connaître cette scène d'une manière complète, il est nécessaire d'en recueillir tous les détails.

Dans la semaine du 18 au 24 septembre, des agents de l'Internationale étaient arrivés à Marseille; les événements avaient pris tout à coup une tournure plus prononcée.

Des visites domiciliaires avaient été faites par des citoyens armés portant le nom de Gardes civiques. M. Michelin, commissaire général de la marine, avait subi une arrestation arbitraire ; une lettre avait été écrite à M. Luce, président, pour le sommer de donner sa démission ; elle avait même été publiée dans un journal avant qu'elle ne lui parvînt. La garde nationale réclamait avec vigueur contre l'existence d'une force armée composée de citoyens pris hors de son sein.

Dans la soirée du mercredi 21, un demêlé s'engagea à la porte de la préfecture entre des gardes nationaux demandant à y pénétrer et des gardes civiques leur en refusant l'accès.

Un des gardes civiques croisa la baïonnette ; les gardes nationaux relevèrent son arme. Le sieur Charles Pradal, garde national, fit, dans ce débat, une légère morsure au pouce du nommé Onkling, l'un des gardes civiques.

Le sieur Pradal, arrêté et mis en liberté sous caution, fut cité comme en flagrant délit, le 22 septembre, à comparaître le lendemain 23, à une heure après midi, à l'audience du Tribunal correctionnel.

Il est bon d'observer que le sieur Pradal, excellent citoyen, a fait plus tard acte de patriotisme en pénétrant à travers les lignes prussiennes pour aller porter a Paris un document au gouvernement de la Défense nationale. Quant au fait qui lui était reproché, il a été jugé le 6 novembre suivant, et a motivé une simple amende de 30 francs.

Pradal était donc appelé à l'audience du 23 septembre. Comme il y avait ce jour-là deux affaires renvoyées des audiences précédentes et dans lesquelles se trouvaient cités des témoins venant des limites de l'arrondissement, elles durent être instruites au commencement de l'audience.

Venant de juger des affaires en référé et me dirigeant vers la salle de Police correctionnelle, j'aperçus dans la salle des Pas-perdus des faisceaux d'armes et plusieurs gardes civiques. L'huissier qui me précédait invita les assistants à se découvrir ; il entendit un de ces hommes dire en bravant cet ordre et faisant allusion à ma décoration : « Tiens ; il ordonne d'ôter le chapeau ; mais je ne connais que la croix de la République. »

Bientôt on aperçut au fond de la salle d'audience plusieurs de ces individus affectant de s'y montrer couverts de leurs chapeaux. — Deux personnes vinrent successivement me dire que ces hommes entendaient que Pradal fût sévèrement condamné, qu'il le fût au moins à deux ans d'emprisonnement, sans quoi, ils agiraient eux-mêmes.

Quelques moments après, deux individus, dont l'un portait un sabre d'officier, montèrent sur l'estrade du tribunal pour parler à M. Clappier, substitut occupant le fauteuil du ministère public. Puis ils se rapprochèrent de moi et celui qui était armé me dit : « Citoyen Président, nous sommes ici pour voir *condamner* le citoyen Pradal. » Je lui répondis : « Quant à nous, nous sommes ici pour le *juger*. » L'interlocuteur comprit très-bien l'opposition entre ces termes : *condamner* et *juger*, et il répartit : « Oui, oui, jugez, mais nous avons des devoirs civiques à remplir et nous n'avons pas à passer notre temps ici. » Je lui répondis que l'affaire Pradal viendrait à son tour, ce qui ne tarderait pas.

Le Tribunal était composé de MM. Gillet-Roussin et de Rossi, juges, et j'avais la présidence.

Les deux premières affaires étant terminées, l'affaire Pradal fut appelée ; l'inculpé comparut assisté de Me Hornbostel, son défenseur. Cet avocat, prenant la parole, fit remarquer que la citation n'était que de la veille et que la loi sur les flagrants délits, aussi bien que le Code d'instruction criminelle, donnait le droit à l'inculpé de réclamer un délai de trois jours pour préparer sa défense et pour faire citer ses témoins. (Code d'instr. crim art. 184 ; — Loi du 20 mai 1863 art. 4.)

Le Tribunal faisant droit à cette requête, renvoya l'affaire à l'audience du lundi suivant, 26 septembre.

Aussitôt une troupe nombreuse de citoyens armés de sabres et de fusils envahit l'audience. Plusieurs d'entre eux prirent la parole et demandèrent que Pradal fût jugé séance tenante, ou qu'il fût mis en état d'arrestation. Je leur répondis qu'il n'appartenait pas au Tribunal d'ordonner cette arrestation et que la loi ne permettait pas le jugement immédiat de cet inculpé qui devait avoir trois jours pour préparer sa défense.

L'un de ces garde civiques, le nommé Onkling, en entendant ces paroles s'inclina et ouvrant sa veste dit : « Si c'est la loi, je m'incline devant la loi » ; mais les autres s'écrièrent que si le Tribunal n'ordonnait pas l'arrestation de Pradal, ils l'arrêteraient eux-mêmes.

A ce moment, en effet, quelques-uns se portèrent sur le sieur Pradal, qui se voyant ainsi menacé, monta sur l'estrade et déclara qu'il se plaçait sous la protection de la Justice. Son avocat, Me Hornbostel, accourut au même instant vers lui pour le protéger, tandis que je disais moi-même à Pradal *qu'il était sous la protection de la Loi.* Mais les civiques saisirent le sieur Pradal, ils enlevèrent dans leurs bras Me Hornbostel, qui ainsi soulevé, sa robe pendant en lambeaux autour de ses épaules, fut entraîné avec son client hors de l'audience et emmené avec lui au violon de la Préfecture.

En même temps le reste de la troupe s'était précipité en armes sur l'estrade, ou y arrivait par les portes du fond de l'auditoire en entourant le Tribunal. Deux d'entre les civiques se portaient spécialement près de moi, l'un immédiatement à ma droite, l'autre à deux pas, pour me mettre plus aisément en joue, et celui-ci faisait ostensiblement le geste d'armer son fusil. Un grand tumulte se produisait simultanément ; des menaces étaient proférées contre les magistrats. M. Maurel, Procureur de la République, et M. Berr, substitut, étant alors intervenus, ont essayé de faire cesser ces violences. M. Berr réussit à emmener hors de l'audience deux ou trois d'entre eux, mais la scène n'en a pas moins continué avec les mêmes caractères. Les deux juges et moi, qui dans tout le cours de cet événement avons eu la même attitude, le même maintien, et n'avons agi que comme un seul homme, nous nous étions levés de nos sièges, et quant à moi, plaçant ma main sur le bureau du Tribunal, je déclarai à haute voix qu'étant en audience pour l'expédition des affaires, je ne devais me retirer avec mes collègues que lorsque les causes auraient été jugées. Ces paroles ne furent point écoutées ; on déclara au Tribunal qu'on le mettait tout entier en état d'arrestation. Ces individus agitaient entre eux la question de savoir ce qu'ils feraient des magistrats ; les uns disaient : « Il faut les conduire en prison ; » d'autres : « Il faut les mener aux forts ; »

l'un d'eux qui paraissait avoir la direction principale, dit enfin : « Il faut les mener devant le citoyen Esquiros, et ce qu'Esquiros dira, nous le ferons. » Celui d'entre ces hommes qui était vêtu en bourgeois et dont on paraissait exécuter ponctuellement les ordres, s'écria : « *Eh bien ! ce n'est pas encore fini ? enlevez-les.* »

— *M. le Président*. Quel était cet homme ?

M. Autran. — C'est un nommé L... qui a été condamné pour escroquerie à trois ans d'emprisonnement. M. Esquiros l'avait nommé directeur des télégraphes. L... avait fait une prétendue quête pour les blessés, quête dont il a gardé le produit pour lui-même. Quand il recevait de l'argent pour des dépêches télégraphiques, il n'envoyait pas les dépêches et il gardait l'argent. Traduit devant le tribunal, il a été condamné à 8 mois de prison ; la Cour a élevé sa peine à 3 ans. Mais il était resté en liberté provisoire, et il en a usé : il est en fuite dans ce moment.

Je reprends la suite de ma note :

« La moindre prolongation de résistance eût été évidemment le signal des dernières violences. Le tribunal eut donc à marcher en suivant ceux qui l'avaient arrêté. Je dis en ce moment à l'un de ceux qui veillaient sur moi de plus près : « Nous ne faisons qu'accomplir la loi, pourquoi nous traiter ainsi ? » — Cet homme me répondit : « Vos lois, c'est Bonaparte qui les a faites : *Il n'y a plus de loi !* » Au moment où nous traversions ainsi la salle des délibérations, un de ces individus me dit que mes collègues et moi pouvions, si nous voulions, quitter notre costume ; je lui répondis que nous marcherions tels que nous étions.

Le tribunal ainsi composé du Président, des deux Juges, du Substitut qui s'était joint à eux, tous en robes et couverts de leurs toques, précédés de Fouque, huissier, qui avait aussi gardé son costume et qui ne cessa de nous accompagner, descendit l'escalier du Palais de justice et se trouva dans la rue, suivant les hommes qui nous avaient arrêtés et qui nous entouraient. M. Maurel, procureur de la République, et M. Ballot-Beaupré, substitut, en habits de ville, marchaient à côté des membres de la Chambre.

Les passants, hommes et femmes, en voyant ce spectacle, témoignaient tous leur étonnement et leur respect. Il n'y en eut pas un qui manquât de saluer le Tribunal ; je rendais ces saluts la toque à la main. On traversa ainsi la rue Grignan, la rue Paradis, le boulevard du Muy. Sur cette avenue, le sieur Franz Boisselot, membre de la garde nationale, en apercevant le Tribunal en cet état, s'écria : « C'est indigne! vivent les juges! » Aussitôt les gardes civiques l'arrêtèrent lui-même.

On était arrivé alors en face de l'angle du palais de la Préfecture où est la porte du violon. Les civiques agitèrent à haute voix la question de savoir par quelle porte ils feraient passer le tribunal. A deux reprises il y en eut qui demandèrent qu'on le fît entrer par le violon, et l'un de ces hommes s'écria : « Il faut qu'ils passent par cette porte où ils en ont fait passer tant d'autres. »

Cependant ils décidèrent qu'on entrerait par la porte latérale de la rue Montaux. Dans la cour de la Préfecture était un autre peloton de gardes civiques en armes faisant l'exercice.

L'un de ceux qui conduisaient le Tribunal, dit en marchant: « *La justice du peuple!* » en se désignant ainsi lui-même et ses camarades.

Le peloton s'était arrêté et avait mis l'arme au pied. Ceux qui conduisaient le Tribunal craignirent que cela ne parût un geste de déférence, et l'on entendit l'un d'eux s'écrier : « Non, ce sont des canailles, il faut les fusiller! »

Le Tribunal fut dirigé dans l'antichambre qui précède l'un des grands salons de la Préfecture et il resta debout dans un des angles de cette pièce dont les portes étaient gardées par les civiques.

Des hommes en armes allaient et venaient.

M. Maurel s'était rendu auprès de M. Esquiros. Le Tribunal resta dans cette attitude environ une demi-heure. Vers la fin de cette longue attente, le sieur Gavard, qui exerçait quelque fonction d'officier sur les civiques, vint offrir au Tribunal de s'asseoir, mais nous déclinâmes cette offre.

Enfin la porte du salon s'ouvrit : M. Esquiros parut vers le milieu de cette salle.

Le Tribunal s'avança vers lui. En même temps une énorme tourbe d'hommes armés s'agitant et vociférant garnit le fond de la salle, en demi-cercle autour des magistrats.

En abordant M. Esquiros je lui dis : « Nous sommes les représentants de la justice et les organes de la loi..... » M. Esquiros ne me laissa pas achever ma phrase ; après avoir jeté sur mon costume et sur ma décoration un regard irrité, il nous dit : « Vous auriez dû comprendre que vous ne pouviez rester à votre place ; que vous deviez donner votre démission. Vous êtes les représentants d'un régime abhorré. Les jugements que vous avez rendus ont été dictés par le pouvoir ; » (la vie entière de chacun de nous protestait contre une telle imputation) ; il ajouta : « Cette robe a été salie... » Je répliquai à l'instant : « *Nous l'avons toujours portée avec dignité !* »

La foule vociféra : « Nous leur enlevons leurs costumes! nous leur arrachons leurs robes ! »

M. Esquiros reprit : « Non, pas dans ce moment, ils la déposeront eux-mêmes ; » et s'adressant à nous, il nous dit : « Il faut que vous donniez votre démission. »

La foule s'écria : « Il faut qu'ils la donnent à l'instant même ! » — « Non, reprit M. Esquiros, pas à l'instant, mais avant ce soir, » et s'adressant encore à nous : « Il faut, répéta-t-il, que vous donniez votre démission avant ce soir ! » Je lui répondis : « Notre dignité nous commande.. » Cette fois encore M. Esquiros ne me laissa pas achever ma phrase et me coupant la parole : « Il faut, dit-il, que vous donniez votre démission avant ce soir, autrement vous serez responsables de tout le sang qui sera versé ; *je mets sur votre tête tout le sang qui sera répandu* »

A ces mots, changeant de ton et faisant un demi-tour, il dit à demi voix. « Du reste, ils ont été arrêtés sans mandat, l'arrestation est illégale, ils sont en liberté. »

On lui amena aussitôt le sieur Boisselot qui lui représenta dans quelles circonstances, lui, membre de la garde nationale, venait d'être arrêté.

M. Esquiros ne l'écouta pas. Le sieur Boisselot fut reconduit en prison d'où on le fit sortir dans la soirée, en lui déclarant qu'il serait poursuivi comme auteur d'excitation à la haine des citoyens les uns contre les autres.

A l'instant où M. Esquiros avait prononcé ses dernières paroles, M. Delpech, alors préfet, vint se placer à côté du tribunal; il me dit de nouveau : « Il faut que tous les membres du tribunal, tous sans exception, donnent avant ce soir leur démission. » Mais en même temps il nous accompagna. Nous traversâmes l'escalier et la cour de la préfecture, et arrivés à la porte nous fûmes rendus à la liberté.

Nous nous transportâmes aussitôt au Palais de justice, et nous rentrâmes en audience publique, où nous prononçâmes le renvoi des affaires fixées.

Immédiatement après la levée de l'audience, nous commençâmes la rédaction de notre procès-verbal.

Tandis que nous nous trouvions ainsi dans la chambre des délibérations, on vint nous annoncer que le barreau nous attendait dans la salle du conseil.

Nous nous y rendîmes avec empressement.

Là, tous les avocats, sans distinction de partis, au nombre d'une centaine, et ayant à leur tête les chefs de l'ordre, nous témoignèrent leur sympathie et leur respect.

Je leur répondis avec effusion.

En même temps ils annoncèrent qu'ils allaient se rendre tous en corps à la préfecture pour protester devant M. Esquiros contre la violence dont un membre de leur ordre avait été l'objet en pleine audience. Ils s'y rendirent, en effet, et au bout d'environ une heure, ils vinrent rapporter au tribunal qu'on n'avait pas voulu les laisser pénétrer dans la préfecture, que les chefs de l'ordre y étaient seuls entrés, que M. Esquiros répondant à leur réclamation, avait voulu rejeter la faute de ce qui s'était passé sur les magistrats qui auraient dû, disait-il, comprendre qu'ils devaient donner leur démission. Me Aicard, prenant la parole, lui avait répondu : « *Mais ils seraient des lâches s'ils le faisaient* ! Je suis né aux Etats-Unis et dans cette nation libre, jamais on n'a vu, jamais on ne pourrait comprendre de pareils actes. »

Le lendemain, M. Esquiros fit placarder une affiche, dans laquelle il se bornait à rappeler les termes des articles 344 et suivants du Code pénal, relatifs aux arrestations arbitraires.

En même temps était placardée une affiche de M. Delpech, préfet, qui félicitait les gardes civiques de leur conduite depuis le 4 septembre, et se terminait par cette phrase en gros caractères : « *Vous avez bien mérité de la République.* »

Le surlendemain lundi, 26 septembre, M. Esquiros faisait afficher un arrêté par lequel il suspendait les audiences du tribunal. »

Voilà ma note, messieurs ; maintenant je ne sais si je dois rapporter ce qui m'a été plus directement personnel, car à la suite de cet événement j'ai été placé pendant plusieurs mois, non pas en suspension, mais en congé involontaire, presque obligé. Dois-je vous le raconter ?

M. le président. — Certainement.

M. Autran. — A la fin de la semaine on proféra de nouvelles menaces contre M. Luce, qui était le président du tribunal. M. Luce avait sa femme très-malade ; il approchait du terme d'une carrière judiciaire des plus honorables. Il céda aux affections de son cœur, car une vive émotion eût été pour sa femme immédiatement mortelle. Il dut résigner des fonctions qu'il remplissait avec tant d'éclat. Quant à nous, cet arrêté de suspension nous mettait, en quelque sorte, en dehors du palais. Nous attendions une décision que le gouvernement de Tours, à nos yeux, ne pouvait manquer de prendre. *Nous croyions qu'il donnerait quelque signe d'approbation à notre con-*

— 14 —

duite; ce fut tout le contraire. Le lundi 3 octobre, M. le procureur général Thourel me fit appeler. Je le connaissais ; nous sommes tous les deux membres de l'Académie de Marseille et il m'avait toujours témoigné de l'affection. Il me dit : « Il y a des jours où il vaudrait mieux avoir cessé de vivre, et j'ai eu peut-être grand tort d'accepter les fonctions qu'on m'a données. » Je lui répondis : « M. le procureur général, nous nous en félicitons, au contraire, parce que vous pouvez empêcher beaucoup de mal. » Il ajouta : « Savez-vous ce que j'ai à vous dire ? Il faut que vous donniez votre démission. » Je lui répondis : « M. le procureur général, vous savez bien que je ne la donnerai pas ; je vous ai déclaré et je vous répète encore que je ne donnerai jamais ma démission. » — « Eh bien ! dit-il, demandez-moi votre suspension. » Je lui répondis : « M. le procureur général, je suis dans vos mains, vous pouvez faire ce que vous voudrez. Mais vous demander ma suspension, ce serait demander de m'infliger une peine et certainement je ne crois pas la mériter. » Le procureur général répliqua: « Eh bien ! moi je ne vous l'imposerai pas, parce que ce serait une injustice. » Il reprit : « Mais M. Esquiros ne veut pas de vous. Il m'a dit que vous étiez un clérical. Je lui ai répondu : « Pas précisément, mais très-religieux. » — « Eh bien, a-t-il dit, c'est tout un. » Voilà ses paroles ; il ne veut pas de vous, et vous ne voudriez pas, sans doute, être cause que le cours de la justice restât interrompu. » Je lui répondis : « C'est la seule considération, Monsieur le procureur général, qui puisse, dans ce moment, avoir une influence sur moi. J'ai réfléchi à cette situation d'avance, et il y a un moyen terme qui peut tout sauver : je prendrai un congé, et j'y ai certes bien droit. » Il me dit : « Si vous voulez, je le motiverai par le trouble qu'a dû nécessairement vous causer une pareille affaire. » — « Non, lui répondis-je, Monsieur le procureur général : *cette journée, je la regarde comme la plus belle de ma vie.* Mais j'ai été assez fatigué par les affaires que j'ai eu à juger cette année, et qui ont été très-multipliées, pour avoir droit à un congé de vingt-neuf jours. » Il me dit : « Ce n'est pas assez : il faut au moins trois mois. » Et j'acceptai ce congé de trois mois en espérant pouvoir le réduire. Mais il ajouta plus tard : « Pourvu que nous ne soyons pas obligés de le prolonger encore! » En effet, à la fin de ce congé expiré le 27 décembre, je me rendis à Aix pour annoncer que je reprendrais mon service. On me dit : « Non, votre congé vient d'être prorogé de deux mois. » Je témoignai ma plus vive affliction au procureur général, qui me dit : « Je ne vous confondrai jamais avec personne ; le caractère dominant de votre conduite, c'est l'impartialité. Vous êtes l'un des esprits les plus consciencieux que je connaisse, et il n'y a rien contre vous, si ce n'est les mauvais traitements que vous avez subis. Mais il faut accepter cette prorogation de congé. » Et je fus soumis à deux mois de congé de plus. Je ne repris mes fonctions qu'après l'élection de l'Assemblée nationale.

M. le président Gamel, dont l'affection m'a soutenu dans ce douloureux passage, voulut bien assister à l'audience où je repris le service, et le barreau, comme le Tribunal, me témoigna toutes ses sympathies.

Voila tout ce que j'avais à vous rapporter.

www.ingramcontent.com/pod-product-compliance
Lightning Source LLC
Chambersburg PA
CBHW061620040426
42450CB00010B/2588